INSTRUCTION DU 6 NOVEMBRE 1875

RELATIVE A LA DÉLIVRANCE DES

CONGÉS DE RÉFORME

SUIVIE DES DISPOSITIONS CONCERNANT LES VISITES DES HOMMES
EN JOUISSANCE DE LA

GRATIFICATION DE RÉFORME RENOUVELABLE

Édition annotée et mise à jour jusqu'en novembre 1891.

PARIS
11, *Place Saint-André-des-Arts.*

LIMOGES
46, *Nouvelle route d'Aix, 46.*

IMPRIMERIE ET LIBRAIRIE MILITAIRES

HENRI CHARLES-LAVAUZELLE

Editeur

1892

Librairie militaire Henri Charles-Lavauzelle

Paris, 11, place Saint-André-des-Arts.

ARMÉES ÉTRANGÈRES CONTEMPORAINES : Europe, Asie, Afrique, Amérique, Océanie, par A. Garçon. — 2 volumes in-32, brochés............. 1 »
Reliés toile anglaise.. 1 50

RÈGLEMENTS SUR LES EXERCICES ET ÉVOLUTIONS des troupes à pied en Italie, en Autriche et en Allemagne, traduits, résumés et annotés par A. de Vaucresson, colonel du 13e de ligne. — Vol. in-32 de 450 pages, cart .. 2 25

L'ARMÉE RUSSE : organisation générale ; le règlement d'infanterie ; le service en campagne ; instruction sur les travaux de campagne, orné de figures (2e édition). — Volume in-32 de 96 pages, broché.............. *(épuisé)*
Relié toile anglaise... » 75

L'ARMÉE ALLEMANDE TELLE QU'ELLE EST, par P. de Pardiellan. — Volume in-18 de 228 pages, couverture en chromolithographie.............. 3 50

Cet ouvrage a provoqué à l'étranger, notamment en Allemagne, de vives critiques qui ne nous ont point déplu parce qu'elles donnent à comprendre que l'auteur a su toucher plus d'un point douloureux.

L'ARMÉE ALLEMANDE, son histoire, son organisation actuelle, par le commandant A. Heumann, O. ✠ (5e édition). — Vol. in-32 de 128 p., br..... » 50
Relié toile... » 75

Cet ouvrage a été traduit en espagnol et publié à Saragosse dans la *Bibliothèque économique de sciences militaires*, par l'éditeur Fernando Primo de Rivera.

LA MARINE ET LES COLONIES DE L'ALLEMAGNE, par le commandant A. Heumann, O. ✠. Ouvrage accompagné de huit croquis. — 2 volumes, brochés. 1 »
Reliés toile anglaise... 1 50

TOME Ier. — AVANT-PROPOS. — I. Premiers essais coloniaux. — II. Emigration. — Commerce. — Marine marchande. — Politique coloniale. — III. Les côtes allemandes. — L'île d'Helgoland. — Le canal de la mer du Nord à la mer Baltique. — IV. La marine militaire. — V. 1re partie. — Colonies allemandes sur la côte occidentale d'Afrique. — Angra-Pequena. — Kameroun.

TOME II. — V. 2e partie. — Territoires du Haut-Bénué. — Territoires de Lagos. — Territoires de Togo. — Territoires des Bas-de-Côte. — Territoires de Noki (Congo). — VI. Colonies allemandes sur la côte occidentale d'Afrique. — Côte de Zanguebar ; Zanzibar. — VII. Colonies allemandes en Océanie. — Les îles Samoa. — Les îles Fidji. — Les îles Tonga ou des Amis. — Les îles Salomon. — La Nouvelle-Guinée. — Les îles Carolines. — VIII. Tentatives des Allemands en Asie. — Conclusion.

AIDE-MÉMOIRE DE L'OFFICIER FRANÇAIS EN ALLEMAGNE, par P. de Pardiellan, ouvrage accompagné de 4 gravures hors texte représentant les uniformes de l'armée allemande et de feuillets blancs pour notes. — Volume in-32 de 160 pages, relié toile anglaise................................. 2 50

LES MÉTHODES STRATÉGIQUES DES ALLEMANDS EN 1870. — Brochure in-8o de 36 pages.. 1 »

ETUDES SUR LE RÉSEAU FERRÉ ALLEMAND au point de vue de la concentration, ouvrage accompagné d'une carte des chemins de fer allemands (2e édition). — Brochure in-8o de 32 pages.................................. » 75

RÈGLEMENT DU 23 MAI 1887 sur le service des ARMÉES ALLEMANDES EN CAMPAGNE. — Volume in-32 de 230 pages, relié toile anglaise................ 2 50

RÈGLEMENT DU 1er SEPTEMBRE 1888 SUR LES MANŒUVRES DE L'INFANTERIE ALLEMANDE. — Volume in 32 de 160 pages, relié toile anglaise...... 2 »

RÈGLEMENT DU 12 FÉVRIER 1887 SUR LE TIR DE L'INFANTERIE ALLEMANDE, avec figures et 1 planche. — Volume in-32 de 190 pages, relié toile anglaise... 2 50

L'ARMÉE ANGLAISE, son histoire, son organisation actuelle, par A. Garçon. — Vol. in-32 de 128 pages, broché............................. » 50
Relié toile anglaise.. » 75

LA MARINE ANGLAISE, histoire, composition, organisation actuelle, par A. Garçon. — Volume in-32 de 96 pages, broché................... » 50
Relié toile anglaise... » 75

Ces deux ouvrages se recommandent à ceux qui désirent peser à son exacte valeur la puissance militaire de l'Angleterre et son influence politique.

INSTRUCTION DU 6 NOVEMBRE 1875

RELATIVE A LA DÉLIVRANCE DES

CONGÉS DE RÉFORME

INSTRUCTION DU 6 NOVEMBRE 1875

RELATIVE A LA DÉLIVRANCE DES

CONGÉS DE RÉFORME

SUIVIE DES DISPOSITIONS CONCERNANT LES VISITES DES HOMMES
EN JOUISSANCE DE LA

GRATIFICATION DE RÉFORME RENOUVELABLE

Édition annotée et mise à jour jusqu'en novembre 1891.

PARIS | LIMOGES
11, *Place Saint-André-des-Arts.* | 46, *Nouvelle route d'Aix:*, 46.

IMPRIMERIE ET LIBRAIRIE MILITAIRES

HENRI CHARLES-LAVAUZELLE

Editeur

1892

INSTRUCTION DU 6 NOVEMBRE 1875

RELATIVE A LA DÉLIVRANCE DES

CONGÉS DE RÉFORME

Dispositions préliminaires.

Réforme des hommes jugés impropres au service militaire.

Art. 1er. Les hommes appartenant à un titre quelconque à l'armée active, à la réserve de l'armée active, à l'armée territoriale ou à la réserve de l'armée territoriale, qui, avant l'époque de leur libération, sont jugés hors d'état de faire un service actif, reçoivent des congés de réforme.

Il existe deux espèces de congés de réforme.

Art. 2. Les commandants des bureaux de recrutement des subdivisions de région sont chargés de l'établissement et de la délivrance des congés de réforme. Ces congés sont de deux espèces et portent les nos 1 et 2.

Le timbre sec du ministère de la guerre est apposé sur le congé nº 1 (1).

Cas dans lesquels le congé nº 1 doit être délivré.

Art. 3. Le congé nº 1 est délivré lorsque la réforme a été prononcée, soit pour blessures reçues dans un service commandé, soit pour infirmités contractées dans les armées de terre et de mer, soit enfin pour infirmités existant avant l'incorporation, mais ayant antérieurement acquis, *en raison des fatigues du service*, un développement entraînant l'incapacité de servir.

Les titulaires du congé nº 1 ouvrent en faveur de leurs frères le droit

---

(1) Voir le renvoi 2 du paragraphe 4.

à la dispense prévue par le paragraphe numéroté 6° de l'article 21 de la loi du 15 juillet 1889, sur le recrutement de l'armée (1).

En raison même des prérogatives attachées aux congés de réforme n° 1, les titres de cette nature sont, avec les dossiers sur le vu desquels ils ont été délivrés, présentés à l'approbation du général commandant le corps d'armée, qui y appose son visa.

Le général devra apporter une grande sévérité dans l'examen des dossiers, lorsqu'il s'agira d'infirmités existant avant l'incorporation et accrues par les fatigues du service.

Cas dans lesquels le congé n° 2 doit être délivré (2).

Art. 4. Le congé n° 2 est délivré dans les cas où la réforme a été prononcée, soit pour des blessures reçues hors du service, soit pour des infirmités contractées hors des armées de terre et de mer.

Le porteur d'un congé n° 2 ne procurera, dans aucun cas, la dispense prévue par le paragraphe numéroté 6° de l'article 21 de la loi précitée (3).

Commission spéciale de réforme.

Les réformes sont prononcées par des commissions spéciales.

Art. 5. Une commission spéciale de réforme est établie au chef-lieu de chaque subdivision de région.

---

(1) Les hommes réformés pour blessures reçues dans un service commandé ou infirmités contractées dans les armées de terre et de mer sont dispensés de la taxe militaire. (Art. 35 de la loi du 15 juillet 1889.)

(2) Le titre de congé n° 2 n'est plus délivré au militaire réformé. On mentionnera seulement à la page du livret individuel les causes de la cessation du service de l'homme réformé dans ces conditions.

Cette inscription sera faite par les soins du commandant du bureau de recrutement, membre de la commission spéciale, dans la forme suivante :

« Réformé (n° 2) par la commission spéciale de..., le... 18... pour (indiquer, comm. ci-après, le motif de la réforme, sans mentionner la *nature* de l'infirmité) ;

« Infirmités antérieures à l'incorporation ;

Ou bien :

« Blessures reçues ou infirmités contractées en dehors du service ;

Ou enfin :

« Infirmités ne pouvant être attribuées au service militaire. »

Le commandant du bureau de recrutement apposera sa signature et le timbre de son bureau au-dessous de l'inscription et remettra ensuite le livret individuel à l'intéressé. (Circ. 12 août 1884, J. M., page 172.)

(3) L'engagé volontaire réformé n° 2 avant l'appel de sa classe est tenu d'accomplir le temps de service exigé par la loi s'il est reconnu propre au service par le conseil de revision. (Art. 59 de la loi du 15 juillet 1889 et décret du 28 septembre 1889.)

Cette commission connaît de tous les cas survenus dans l'étendue de la subdivision (1).

Des commissions sont également instituées à Paris pour le département de la Seine, à Versailles pour le département de Seine-et-Oise, et à Lyon pour la portion réservée du Rhône.

Composition de la commission.

Art. 6. La commission spéciale de réforme se compose :

Du général de brigade, président ;

D'un membre de l'intendance militaire ;

Du commandant du bureau de recrutement de la subdivision de région ;

Et de l'officier commandant la gendarmerie de l'arrondissement.

Prépondérance de la voix du président.

Art. 7. En cas de partage des voix, celle du président est prépondérante.

Décisions de la commission constatées par un procès-verbal.

Art. 8. Les décisions de la commission sont constatées par un procès-verbal que rédige le sous-intendant militaire, conformément au modèle nᵒ 3, et qu'il conserve dans ses archives. (Voir page 25.)

La commission se réunit sur la convocation de son président.

Art. 9. La commission s'assemble toutes les fois que cela est nécessaire, sur la convocation du président. Elle se réunit d'ailleurs aussitôt après la mise en route des contingents.

Les décisions intervenues doivent être exécutées le plus promptement possible. (Note du 18 novembre 1883, *J. M.*, p. 755.)

Le président de la commission se transporte au besoin avec le membre de l'intendance au chef-lieu de la subdivision de région où la commission est établie.

Art. 10. Le commandement d'un même général de brigade s'étendant le plus souvent sur plusieurs subdivisions, chaque fois qu'il y aura lieu

---

(1) La commission spéciale de réforme est appelée à visiter et à contre-visiter les anciens militaires et marins auxquels la loi du 12 juillet 1873 accorde l'autorisation de faire usage des eaux minérales où autres.

Le résultat de cette opération est consigné dans le certificat individuel à joindre à la demande du postulant, avec un extrait du procès-verbal de la commission, indiquant formellement que les blessures ou infirmités proviennent du fait du service militaire ou au moins ont été contractées pendant le service.

Dans le cas où un homme ne pourrait être déplacé sans inconvénient, la commission spéciale de réforme statue sur la position du pétitionnaire, d'après les pièces qui ont été produites à l'appui de sa demande et le résultat de l'instruction qui a été prescrite par l'autorité militaire. (Art. 347 du règlement du 25 novembre 1889.)

de réunir la commission de réforme dans l'une de ces subdivisions, le général devra se transporter au chef-lieu.

Il désignera, au besoin, un membre de l'intendance militaire pour faire partie de la commission dans les localités où ne se trouve pas de fonctionnaire de ce corps. Si l'officier de gendarmerie ne réside pas au chef-lieu de la subdivision, il s'y rend, chaque fois que la commission se réunit sur la convocation du président.

Cas où le général peut se faire suppléer comme président de la commission.

Art. 11. Le général ne se fera suppléer que lorsqu'il y aura pour lui impossibilité absolue de présider la commission.

L'officier appelé à le remplacer sera désigné par le général commandant le corps d'armée. Il devra être du grade de colonel ou de lieutenant-colonel au moins et tenir garnison hors de la subdivision où il doit siéger.

Deux médecins assistent la commission.

Art. 12. Deux médecins militaires assistent la commission. *A défaut de médecins militaires*, le président désigne, pour les suppléer, des médecins civils attachés aux hôpitaux civils.

Ils opèrent la contre-visite en présence de la commission.

Art. 13. Ces médecins procèdent, en présence de la commission, à la contre-visite des hommes présentés pour la réforme et constatent, par un certificat établi dans la forme ordinaire, les résultats de leur examen.

La commission apprécie s'il convient de délivrer un congé n° 1 ou n° 2.

Art. 14. Lorsque la commission spéciale a reconnu que les militaires soumis à son examen sont réellement impropres au service, elle examine si le congé qu'il convient de leur délivrer est un congé n° 1 ou un congé n° 2.

Dans le cas où elle accorde un congé n° 1, la commission apprécie s'il y a lieu de proposer le titulaire pour une gratification renouvelable.

Elle émet à ce sujet un avis motivé, qui est soumis, avec la lettre de congé, à l'approbation du général commandant le corps d'armée. Cet officier général donne à ces avis la suite qu'ils lui paraissent susceptibles de recevoir, aux termes de l'instruction du 27 août 1886. (Voir page 17.)

Les jeunes soldats reconnus impropres au service au moment de leur mise
en route sont envoyés devant la commission spéciale.

Art. 15. Lors de la mise en activité des contingents, les jeunes
soldats appelés sont examinés avec le plus grand soin par l'autorité militaire, assistée d'un ou de plusieurs médecins militaires.

Ceux qui sont jugés ne pas réunir l'aptitude physique nécessaire sont
renvoyés, avec les certificats constatant le résultat de ce premier
examen, devant la commission spéciale.

Les jeunes soldats reconnus impropres au service reçoivent un congé
de réforme n° 2.

Art. 16. Les jeunes soldats que la commission juge impropres au
service reçoivent des congés de réforme n° 2 et sont immédiatement
renvoyés dans leurs foyers.

Les jeunes soldats absents au moment de la revision ne reçoivent un congé
de réforme que s'il est impossible de les utiliser.

Art. 17. Les jeunes soldats qui ont été compris dans le contingent
comme absents, au moment de la réunion du conseil de revision, et
qui ne justifient pas devant l'autorité militaire de causes légitimes
d'absence, ne doivent recevoir un congé de réforme que s'ils sont
absolument impropres à toute espèce de service.

Hommes désignés pour être réformés à leur arrivée au corps ou après incorporation.

Art. 18. Les hommes qui, à leur arrivée au corps ou après leur
incorporation, sont jugés impropres au service, *pour quelque cause que
ce soit*, sont immédiatement proposés pour la réforme et déférés à la
commission spéciale de la subdivision de région où ils se trouvent.

Cette proposition, établie par le chef de corps, relatant la date,
l'origine et les circonstances des blessures ou infirmités, sera accompagnée du livret matricule, ainsi que de tous les certificats et documents authentiques de nature à éclairer la commission spéciale. Il y
sera joint notamment un certificat de visite établi par l'un des médecins
du corps.

Changement d'arme pour cause physique.

Art. 18 *a*. Les hommes qui, pour cause physique, ne sont plus aptes
à servir dans l'arme à laquelle ils étaient primitivement affectés, sont,
sur leur demande ou d'office, par ordre du général commandant la
subdivision, présentés devant la commission spéciale de réforme, qui
émet un avis au sujet de l'arme dans laquelle ces hommes seraient

susceptibles de rendre des services. Cet avis est transmis au général commandant le corps d'armée. (Art. 30 de l'instr. refondue du 28 décembre 1879.)

Militaires aux hôpitaux ou en position régulière d'absence.

Art. 19. Les militaires aux hôpitaux et les militaires en position régulière d'absence, jugés impropres au service, soit par le médecin traitant de l'hôpital, soit par l'un des médecins qui sont chargés, au chef-lieu de la subdivision, de la visite des hommes étrangers à la garnison, peuvent être déférés à la commission spéciale de la subdivision où ils se trouvent, après que toutes les justifications mentionnées au numéro précédent, ont été obtenues du corps auquel l'homme appartient. Toutefois, le certificat de visite est établi par le médecin qui a jugé l'homme impropre au service.

Les jeunes soldats et les militaires dont l'aptitude sera douteuse seront maintenus provisoirement dans leur position antérieure.

Art. 20. Les jeunes soldats et les militaires sur l'aptitude desquels la commission ne sera pas parfaitement éclairée, seront maintenus provisoirement dans leur position, soit dans leurs foyers, soit à leur corps, pour être examinés de nouveau ultérieurement.

Les corps seront informés des décisions de la commission par les commandants de recrutement.

Art. 21. Les corps seront prévenus, dans tous les cas, par les soins des commandants de recrutement, des décisions de la commission et, lorsqu'il y aura lieu, ils rayeront de leurs contrôles les militaires que ces décisions concerneront.

Surveillance à exercer dans les corps sur les militaires dont l'aptitude a été déclarée douteuse.

Art. 22. Les militaires dont l'aptitude aura été déclarée douteuse et qui, pour ce motif, auront été renvoyés provisoirement à leurs corps, devront être l'objet d'une surveillance particulière, de manière que leur situation puisse être bien appréciée, lorsqu'ils comparaîtront de nouveau devant la commission.

Surveillance à exercer par les commandants de recrutement sur les jeunes gens dont l'aptitude a été déclarée douteuse.

Art. 23. Les commandants des bureaux de recrutement auront aussi à prendre, tant auprès des maires que des commandants de gendarmerie, des renseignements sur l'état physique, sur le genre des occupations, etc., etc., des hommes dans la situation prévue par le n⁰ 20 de la présente instruction.

Il sera définitivement statué dans un délai de trois mois.

Art. 24. Dans un délai qui ne devra jamais excéder trois mois à partir de la décision d'ajournement, les militaires et les jeunes soldats maintenus provisoirement à leurs corps ou dans leurs foyers, à raison des doutes existant sur leur aptitude physique, comparaîtront une seconde fois devant la commission spéciale, qui statuera définitivement à leur égard.

Examen préalable des militaires ou jeunes soldats dans une situation provisoire, qui demanderont un certificat de présence pour conférer la dispense à leurs frères.

Art. 25. Toutefois, il importe d'éviter que les hommes puissent, dans la situation provisoire où ils se trouveront pendant le délai indiqué ci-dessus, conférer la dispense prévue par le paragraphe numéroté 5 de l'article 21 de la loi sur le recrutement. Ces hommes devront donc, lorsqu'ils demanderont, dans ce but, un certificat constatant leur position, soit au conseil d'administration du corps, soit au commandant du bureau de recrutement, être préalablement envoyés devant la commission de la subdivision de région où ils se trouvent, et le certificat ne sera délivré qu'autant que la commission ne les aura pas réformés définitivement.

Les hommes disponibles dans leurs foyers ou en disponibilité, ceux de la réserve et de l'armée territoriale doivent, s'ils deviennent impropres au service, demander à comparaître devant la commission spéciale (1).

Art. 26. Les jeunes soldats inscrits sur les quatre premières parties de la liste du recrutement et encore disponibles dans leurs foyers ;
Les militaires et les jeunes soldats en disponibilité de l'armée active ;
Les hommes de la réserve de l'armée active, de l'armée territoriale

---

(1) Les marins et militaires résidant dans une localité où il n'existe pas de fonctionnaires de la marine, font leur déclaration au commandant de la brigade de gendarmerie, qui la transmet, avec l'enquête sommaire et le certificat médical, au préfet maritime de la circonscription de réserve du domicile de l'homme, par l'intermédiaire du commandant du recrutement.
La commission de réforme du port à qui ces certificats et enquêtes sont remis exprime son avis sur la question de savoir si le marin ou militaire doit être dirigé sur le port pour être soumis à son examen, ou s'il peut être visité à domicile.
Dans l'un et l'autre cas, les préfets maritimes se concertent avec les généraux commandant les corps d'armée pour l'envoi des hommes au port chef-lieu, ou pour que les certificats de visite et de contre-visite soient établis par les soins des officiers de santé militaires. (Art. 18 de l'instruction du 25 mai 1877, rappelé par la note du 10 août 1882, *J. M.*, p. 119 et 96.)

et de la réserve de ladite armée, qui deviennent impropres au service, doivent en faire la déclaration au commandant de la brigade de gendarmerie, qui la transmet, avec une enquête sommaire appuyée d'un certificat médical, au commandant du bureau de recrutement.

Cet officier invite les hommes qui lui paraissent susceptibles d'être réformés à se présenter à la première séance de la commission spéciale (1).

La commission apprécie la nature du congé à leur accorder.
Recommandation spéciale à ce sujet.

Art. 27. La commission apprécie, pour ceux de ces hommes qui ont passé sous les drapeaux, s'ils n'ont pas droit à un congé n° 1 et, dans ce cas, provoque une enquête spéciale dans le corps auquel le réclamant a appartenu.

L'appréciation des causes de réforme invoquées dans ces conditions pouvant présenter de sérieuses difficultés, un soin tout particulier sera apporté à l'enquête.

En cas de mobilisation, ceux qui n'ont pas fait valoir leurs infirmités sont tenus
de rejoindre leur corps.

Art. 28. Les hommes appartenant aux catégories désignées sous le n° 26 de la présente instruction, qui n'auront pas fait valoir en temps utile les infirmités dont ils sont atteints, ne seront pas admis, après la publication de l'ordre de mobilisation, à comparaître devant la commission spéciale de réforme. Ils seront dirigés sur leur corps, et ne pourront être ultérieurement réformés que s'il est matériellement impossible de les utiliser d'une manière quelconque.

Contrôle des hommes réformés.

Art. 29. Le commandant du bureau de recrutement tient un contrôle des hommes réformés (2).

Ce contrôle est conforme au modèle n° 4. (Voir page 27.)

---

(1) Les présidents des commissions doivent se pénétrer de l'intérêt qu'il y a tant à maintenir un fonctionnement qui encourage les hommes de la réserve et de l'armée territoriale à se soumettre à l'examen médical réglementaire, qu'à éloigner des rangs es sujets douteux. Ceux-ci constituent des non-valeurs, encombrent les hôpitaux, et euvent donner lieu à de graves mécomptes en cas de convocation générale. (Circ. du 14 novembre 1883, *J. M.*, p. 560, et art. 29 de l'instruction refondue du 28 décembre 1879.)

(2) Les commandants des bureaux de recrutement doivent faire mention, sur le registre matricule, de la nature des blessures ou infirmités qui ont motivé la mise à la réforme de tout homme inscrit audit registre. (Circ. du 22 avril 1885, *J. M.*, p. 603.)

Renvoi au corps du livret matricule des militaires réformés.

Art. 30. Il envoie au corps, en leur donnant avis des décisions de la commission, les livrets matricules transmis par ces corps.

Inscription sur les livrets de la date et des motifs de la réforme.

Art. 31. La date et les motifs de la réforme seront inscrits, par les soins du conseil d'administration, sur les livrets matricules et sur les livrets individuels des militaires réformés.

Lorsque les hommes réformés n'auront pas été incorporés, cette inscription sera faite par le commandant du bureau de recrutement.

Les livrets matricules des hommes réformés recevront ensuite la distinction prescrite par l'annexe n° 2 du règlement du 14 janvier 1889, c'est-à-dire leur envoi au commandant du bureau de recrutement.

Envoi des congés aux hommes réformés.

Art. 32. Le commandant du bureau de recrutement adresse aux intéressés leur congé de réforme par l'intermédiaire de la gendarmerie.

Dans le cas où l'homme réformé ne figure pas sur le registre matricule de la subdivision de région, son congé est transmis au commandant du bureau de recrutement du lieu de son domicile, qui le lui envoie.

Etats nominatifs à adresser au Ministre.

Art. 33. Du 5 au 10 janvier de chaque année il est transmis au Ministre sous le timbre: « Bureau de recrutement », un état numérique (1) indiquant le nombre des hommes de l'armée active qui ont été réformés du 1er janvier au 31 décembre. (Circ. du 22 avril 1885, *J. M.*, p. 603.) Voir le modèle page 34.

Dispositions particulières à l'Algérie.

Hommes résidant en Algérie susecptibles d'être réformés.

Art. 34. Les hommes résidant en Algérie et les militaires incorporés dans les corps ou portions de corps qui y sont stationnés et qui

---

(1) Les états 5 et 6 sont remplacés par ledit état. Les états 5 *bis* et 6 *bis* sont annulés par la note du 6 juin 1890, *B. O.*, p. 1534.

seront jugés impropres au service, seront envoyés devant une commission spéciale de réforme instituée au chef-lieu de chacune des subdivisions de l'Algérie.

Composition de la commission en Algérie.

Art. 35. Cette commission se compose :

Du commandant de la subdivision ;
D'un fonctionnaire de l'intendance ;
D'un officier supérieur pris dans l'un des corps stationnés dans la subdivision ;
De l'officier de gendarmerie.

Elle opère de la même manière que celles de l'intérieur.

Art. 36. Les commissions spéciales de l'Algérie procéderont de la même manière que celles qui sont instituées pour l'intérieur.

Le fonctionnaire de l'intendance est substitué au commandant du bureau
de recrutement.

Le fonctionnaire de l'intendance remplit, outre les fonctions qui lui sont dévolues auprès de la commission spéciale à l'intérieur, toutes les attributions du commandant du bureau de recrutement. Il tient les mêmes contrôles, établit les congés et les fait parvenir aux intéressés.

Dispositions relatives aux imprimés de congé de réforme.

Imprimés de congés.

Art. 38. Selon les besoins, des imprimés de congés de réforme seront mis à la disposition des généraux commandant les corps d'armée lorsqu'ils en feront la demande.

La comptabilité à ouvrir dans les états-majors de corps d'armée, et les comptes à rendre au sujet de l'emploi des congés de réforme font l'objet des circulaires des 19 février 1838, 17 décembre 1875 et 12 août 1884. (*J. M.*, p. 344, 669 et 172.)

Il est tenu, à l'état-major du corps d'armée, un registre indiquant le nombre d'imprimés reçus et les quantités distribuées.

Il est de plus ouvert à chacun des bureaux de recrutement un compte particulier qui est balancé tous les ans, dans les premiers jours du mois de janvier, au moyen du compte d'emploi (modèle n° 2) qu'auront présenté les commandants de ces bureaux. (Voir page 36.)

Les généraux commandant les corps d'armée réunissent ces divers comptes et les joignent à l'appui du compte général (modèle n° 1) qu'ils adressent au Ministre le 1er février de chaque année. (Voir page 35.)

Abrogation des dispositions antérieures.

Art. 39. Toutes les dispositions contraires relatives à la délivrancé des congés de réforme, notamment l'instruction ministérielle du 3 mai 1844, sont et demeurent abrogées.

Dispositions relatives aux visites des hommes en jouissance de la gratification de réforme renouvelable.

(Instruction du 27 août 1886.)

Art. 46. La gratification de réforme renouvelable accordée, d'abord pour deux années, peut être successivement continuée par périodes semblables. Cette continuation est subordonnée au résultat de l'examen physique des titulaires.

Art. 47. Un certain nombre de titulaires de la gratification sont atteints de blessures ou d'infirmités dont les unes se sont aggravées au point de déterminer un droit à pension si ce droit n'était pas prescrit, et dont les autres, bien qu'ayant un caractère de gravité moindre, n'offrent cependant aucun espoir de guérison.

Conséquemment, les titulaires qui, à la précédente visite, auront été déclarés *incurables* et pour lesquels de nouvelles constatations seraient par suite jugées inutiles, seront dispensés de se présenter devant la commission. A leur égard, la gratification deviendra permanente, réserve faite, toutefois, du cas de suppression de l'allocation pour cause d'indignité.

Les dispenses dont il s'agit ayant pour conséquence d'engager définitivement les deniers de l'Etat, ne devront être octroyées qu'avec la plus grande circonspection. Les commissions ajourneront, au besoin, leur décision en cette matière à la prochaine visite que l'intéressé sera en situation de subir, lorsque la dispense ne leur semblera pas complètement justifiée.

Visites passées en France lors des tournées cantonales des conseils de revision. Exception pour le département de la Seine.

Art. 48. Autrefois, ces visites avaient uniquement lieu devant les commissions spéciales de réforme mentionnées à l'article 50 et instituées au chef-lieu de chaque subdivision de région. Mais, dans l'intérêt des titulaires et pour leur épargner des déplacements onéreux et fatigants, la visite a lieu, depuis l'année 1885, lors des tournées cantonales des conseils de revision (cette modification ne devant procurer aucun avantage aux hommes domiciliés dans le département de la Seine, ceux-ci continueront à être examinés par la commission de réforme de ce département).

En conséquence, lors de leur séjour pour les opérations du conseil de revision, l'officier général ou supérieur, membre du conseil de revi-

sion, le sous-intendant militaire et le commandant du bureau de recru
tement, qui assistent aux opérations de ce conseil, ainsi que l'officier de
gendarmerie qui est présent, se constituent en *commission spéciale
extraordinaire de réforme* et statuent, sous la présidence de l'officier
général ou supérieur, sur la situation des titulaires de la gratification
renouvelable. La visite médicale est passée par le médecin militaire ou
civil qui accompagne le conseil de revision.

La commission extraordinaire de réforme se munit de formules individuelles de certificats (modèle n° 36 de la nomenclature annexée au
règlement du 25 novembre 1889 sur le service de santé). Ces formules
sont remplies par les médecins, et les talons, après avoir reçu la mention correspondante, sont conservés par les sous-intendants militaires.

Epoque des visites.

Art. 49. La tournée desdits conseils de revision n'ayant lieu qu'une
fois par an, l'autorité militaire convoquera *indistinctement*, par l'intermédiaire des mairies de leur résidence, à l'endroit désigné pour les
opérations de chacun des cantons, tous les titulaires de gratification
renouvelable domiciliés dans le canton dont la gratification expirera
pendant l'année (le 30 juin ou le 31 décembre). Ne seront exceptés de
cette convocation que les titulaires de gratification permanente.

Les intéressés se présenteront munis de leur titre de concession de
gratification.

Les commissions ordinaires de réforme continueront d'examiner les titulaires
absents au moment des tournées des conseils de revision. — Convocations.

Art. 50. En dehors de l'époque précitée, la commission spéciale de
réforme *ordinaire* se prononce sur la position des intéressés qui n'au-
raient pu se présenter le jour de la session extraordinaire. Elle dispense également des visites subséquentes les titulaires reconnus incurables.

La commission spéciale de réforme ordinaire existant au chef-lieu de
chaque subdivision régionale, c'est dans cette localité que les intéressés
sont convoqués.

Toutefois: 1° les hommes domiciliés dans les départements de Seine-
et-Oise et du Rhône seront examinés au chef-lieu du département;

2° A cause de l'étendue des subdivisions d'Aix et d'Ajaccio, et afin
de leur occasionner un moins grand déplacement, les hommes appartenant à ces subdivisions seront appelés devant les sous-commissions
fonctionnant à Digne et à Bastia.

Certaines subdivisions de région comprennent des fractions de deux
et même de trois départements; dès lors, lorsque les titulaires sont
domiciliés dans le ressort d'une subdivision de région dont le chef-lieu

se trouve dans un département différent de celui qu'ils habitent, ils sont convoqués au siège de cette subdivision après accord entre le sous-intendant militaire chargé du payement de leur gratification et le fonctionnaire de l'intendance qui fait partie de la commission appelée à statuer. Ce dernier aura soin de notifier la décision rendue par la commission au sous-intendant avec lequel il s'était concerté et à qui est confiée la tenue des contrôles.

Les titulaires sont invités à comparaître, munis de leur titre de concession, devant les commissions ordinaires de réforme au moyen d'un ordre de convocation (modèle n° 126 de la nomenclature générale ; voir page 33) pouvant leur donner droit à une réduction de prix sur les voies ferrées (1).

Visites passées en Algérie. (Distinction à faire entre le territoire civil
et le territoire militaire.)

Art. 51. Pour l'Algérie, la question relative à la visite bisannuelle comporte deux solutions : l'une s'applique au territoire civil et l'autre au territoire militaire.

1° *Territoire civil.*

Relativement au territoire civil, les titulaires de gratifications sont examinés, comme cela a lieu en France, lors des tournées des conseils de revision. Les intéressés reçoivent à cet effet des convocations individuelles émanant des fonctionnaires de l'intendance militaire qui les leur font parvenir par la voie qu'ils jugent la plus couvenable. Les articles 48, 49, 50, 57 et 58 de la présente instruction sont donc, en tous points, applicables à cette catégorie de titulaires.

2° *Territoire militaire.*

Quant aux titulaires résidant sur le territoire militaire, la visite médicale est passée par le médecin militaire de *l'hôpital ou de la garnison* la plus rapprochée, *dans la division, bien entendu,* du domicile du titulaire.

Les convocations relatant que le militaire devra se présenter muni

---

(1) Les anciens militaires convoqués devant la commiss'on de réforme jouissent du bénéfice du parcours au quart du tarif sur le réseau de l'Etat, et au demi-tarif sur les autres réseaux.

Pour jouir de cette réduction, ces anciens militaires ont à présenter un ordre de convocation (modèle page 33) qu'ils font viser au départ par le chef de gare. Pour le retour, cet ordre reçoit, dans la case ouverte à cet effet, la signature du président de la commission spéciale de réforme constatant leur comparution. (Circ. 23 novembre 1883. J. M., p. 813.)

de son titre de concession de gratification sur lequel la blessure ou l'infirmité est indiquée, continueront à être faites, comme précédemment, par les fonctionnaires de l'intendance qui enverront en même temps aux médecins militaires appelés à passer les visites, la liste des hommes qu'ils auront à examiner. Une copie de cette liste, contenant en regard de chaque nom la mention du résultat de la visite, celle de la non-comparution, s'il y a lieu, sera jointe par les médecins à leurs certificats. Il sera ainsi facile à la commission de réforme dont il est question ci-après, de dresser l'état des absents.

Les époques des visites restent fixées aux mois de mai et de novembre de chaque année, sauf en ce qui concerne les militaires absents à une précédente visite et qui pourront être examinés à n'importe quel moment.

La contre-visite est supprimée dans les cas où elle ne pourra avoir lieu faute d'un médecin d'un grade supérieur à celui du médecin qui aura procédé à la visite.

Les médecins militaires doivent donc être invités à apporter la plus grande conscience dans l'examen des titulaires de gratification renouvelable. Cet examen, s'il n'était pas fait avec tout le soin désirable, pourrait priver injustement un ancien militaire blessé ou infirme d'une récompense méritée, et, à un point de vue opposé, causerait au Trésor un préjudice irrémédiable dans le cas où le maintien définitif d'une gratification (lequel dispense de toute visite médical ultérieure) ne serait pas pleinement justifié.

A cet effet, les certificats devront être aussi explicites que possible et contenir l'une des trois conclusions suivantes, selon que l'état d'infirmité aura été jugé incurable, susceptible de guérison ou aura complètement disparu :

Maintien de la gratification à titre permanent ;
Maintien de la gratification pour deux nouvelles années ;
Suppression de l'allocation.

Les médecins feront parvenir leurs certificats, appuyés de la liste indiquée ci-dessus, au général commandant la division, qui en saisira la commission spéciale de réforme siégeant *au chef-lieu de la division, la seule* qui, désormais, *statuera,* d'après les certificats, *sur la situation des titulaires de gratification domiciliés dans la division,* qui auront subi une visite médicale.

Les décisions de la commission seront notifiées aux divers fonctionnaires de l'intendance militaire préposés dans l'étendue de la division à l'ordonnancement de la gratification, et, conséquemment, à la tenue des contrôles.

Les certificats médicaux et les états nominatifs dont il est question ci-après à l'article 57 seront transmis dans le plus bref délai au Ministre.

Suppression de la gratification en cas de guérison.

Art. 52. Les commissions ordinaires ou extraordinaires de réforme ne doivent conclure à la suppression de la gratification que si les titulaires n'éprouvent plus *aucune gêne* dans l'organisme par suite des blessures ou des infirmités ayant motivé la concession de l'allocation, et que s'ils ont *complètement* recouvré la faculté de travailler. Le doute, chaque fois qu'il existera dans l'esprit de la commission, profitera au titulaire.

On ne doit pas perdre de vue que la gratification renouvelable peut se cumuler avec un traitement civil d'activité. (Art. 45 du règlement du 3 avril 1869 sur la comptabilité de la guerre.)

Mention à porter sur les titres de concession des hommes rayés.

Art. 53. Les titres de concession de gratification des hommes éliminés ne devront pas leur être retirés, ces pièces pouvant leur être utiles pour solliciter ultérieurement leur réadmission. La mention du retrait y sera simplement apposée par les soins du sous-intendant militaire.

Rôle de la commission en cas d'indignité des titulaires.

Art. 54. Les commissions, n'ayant à baser leurs décisions que sur l'état physique des hommes, ne sont pas autorisés à les rayer dans le cas où leur conduite laisserait à désirer. Lorsque cette circonstance se présente, elles statuent sans s'occuper des cas d'indignité et se bornent à les signaler au général commandant le corps d'armée pour qu'il fasse à cet égard au Ministre telle proposition qu'il jugera convenable.

Titulaires absents à la visite. — Époque de leur radiation des contrôles.

Art. 55. Si un titulaire manque à la visite, les commissions ne devront pas juger, par conjecture, son état d'infirmité et statuer sur le maintien ou la suppression de la gratification. Le payement de la gratification sera provisoirement suspendu. L'intéressé sera de nouveau convoqué devant la commission ordinaire de réforme, et s'il ne comparaît pas, sa radiation des contrôles sera opérée d'office, sans intervention ministérielle, une année après la date de l'expiration de la gratification.

Titulaires admis dans les salles d'aliénés.

Art. 56. La gratification renouvelable sera maintenue d'office sur la simple production d'un certificat de présence du titulaire dans un établissement d'aliénés, lorsque son état mental sera la conséquence de la blessure ou de l'infirmité ayant motivé sa réforme.

Dans le cas contraire, le titulaire de la gratification sera soumis à un examen médical dans ledit établissement, et la gratification sera conservée quand la commission aura acquis la certitude que l'infirmité est de nature à amoindrir l'aptitude au travail.

Art. 57. Le compte rendu du résultat de la visite médicale (qu'elle soit passée par la commission ordinaire ou extraordinaire) comprend trois catégories :

1º Les titulaires qui, étant déclarés incurables, ne devront plus se déplacer à l'avenir ;

2º Ceux maintenus en possession de la gratification pour deux nouvelles années ;

3º Ceux auxquels cette allocation aura été supprimée.

Les certificats médicaux seront annexés à des états nominatifs dressés par département (ou par subdivision de région quand les commissions spéciales de réforme *ordinaires* autres que celles de la Seine, de Seine-et-Oise et du Rhône opéreront) et spéciaux pour chacune des trois catégories. Ces états indiqueront les numéros d'inscription de la gratification au contrôle central, les noms, prénoms, corps et résidences des titulaires, et, dans une colonne spéciale, les observations de la commission. Les certificats médicaux reproduiront aussi très exactement en marge le numéro d'inscription précitée. Il est très important que les certificats concernant les titulaires éliminés contiennent toujours un exposé aussi détaillé que possible de la situation physique des intéressés et les raisons médicales pour lesquelles la gratification est retirée.

Les noms des titulaires absents aux visites feront l'objet d'une quatrième liste qui sera toujours établie, même si elle doit être négative.

Art. 58. L'envoi au Ministre de ces divers documents s'effectuera par l'intermédiaire du général commandant le corps d'armée aussitôt après la clôture des opérations des conseils de revision ou des séances des commissions ordinaires de réforme.

RÉPUBLIQUE FRANÇAISE.

CONGÉ DE RÉFORME.

MODÈLE Nᵒ 1 (*)

(1) Indiquer si c'est pour blessures reçues dans un service commandé, pour infirmités contractées dans les armées de terre ou de mer, ou pour infirmités existant avant l'incorporation, mais ayant ultérieurement acquis, en raison des fatigues du service, un développement entraînant incapacité de servir.

(*) Ce congé est délivré, soit pour blessures reçues dans un service commandé, soit pour infirmités contractées dans les armées de terre ou de mer, soit pour infirmités existant avant l'incorporation, mais ayant ultérieurement acquis, en raison des fatigues du service, un développement entraînant l'incapacité de servir.

Nous, sous igné, commandant du bureau de recrutement d..... dé ivrons en exécution de l'instruction du Ministre de la guerre, en date du 6 novembre 1875, le présent congé de réforme au sieur....., né le..... à....., canton d....., département d....., résidant à....., canton d....., département d....., fils de..... et de....., domiciliés à....., canton d....., département d.....; cheveux....., sourcils....., yeux....., front...., nez....., bouche....., menton....., visage....., taille d'un mètre..... millimètres, profession d....., inscrit sur le registre matricule de la subdivision d....., sous le nᵒ.....,marié à....., à Dᵉ....., domicilié à.....; lequel après avoir été visité par les médecins dont le certificat est transcrit d'autre part, en présence de la commission instituée par l'instruction précitée, a été jugé incapable de faire le service militaire, pour (1)..... (Décision de la commission en date du..... nᵒ.....).

Fait à , le 189 .

Le Sous-Intendant militaire,

DÉTAIL des SERVICES	CAMPAGNES et BLESSURES.

A déclaré se retirer à..... canton d..... département d.....

Vu :
Le Général de brigade,

APPROUVÉ :
*Le Général
Commandant le ᵉ corps d'armée,*

COPIE DU CERTIFICAT DE VISITE.

Nous, soussignés, médecins..... certifions que le sieur.....,
natif d...... canton d....., département d....., âgé d.....,
est atteint.....

En conséquence, nous estimons que les accidents ci-dessus
relatés ont pour résultat l'impossibilité absolue de servir.

A , le 189 .

Signé :

Pour copie conforme :
Le Sous-Intendant militaire,

e CORPS D'ARMÉE.

—

SUBDIVISION

d

OBJET DU PROCÈS-VERBAL.

—

Examen de l'état physique du sieur
signalé comme impropre au service militaire.

---

(1) Nom et grade.
(2) Noms, grade et emploi des médecins.
(3) Noms, prénoms et position sous le rapport du recrutement.
(4) Du *ou* des.
(5) De la *ou* des.
(6) La décision de la commission devra être ainsi libellée :

Ou :

Est hors d'état de faire un service actif pour (blessures reçues dans un service commandé ; — infirmités contractées dans les armées de terre ou de mer ; — infirmités existant avant l'incorporation, mais ayant ultérieurement acquis, en raison des fatigues du service, un développement entraînant l'incapacité de servir) et doit recevoir un congé de réforme n° 1 ;

ou :

Est hors d'état de faire un service actif pour (blessures reçues hors du service ; — infirmités contractées hors des armées de terre ou de mer) et doit recevoir un congé de réforme n° 2 ;

ou :

Est propre au service ;

ou enfin :

Que le sieur
dont l'aptitude au service n'est pas suffisamment constatée, sera (suivant le cas), laissé dans ses foyers provisoirement (ou renvoyé à son corps) pour être examiné de nouveau ultérieurement par la commission.

MODÈLE N° 3.

—

Annexé à l'instruction
du 6 novembre 1875.

PROCÈS-VERBAL

dressé en exécution de l'instruction ministérielle du 6 novembre 1875.

Cejourd'hui,   mil huit cent quatre-vingt   à l'heure de

En exécution des dispositions de l'instruction ministérielle du 6 novembre 1875,

Et en présence de la commission composée :

1° De M. (1)
commandant la subdivision, *président ;*

2° De M. (1)
sous-intendant militaire ;

3° De M. (1)
commandant le bureau de recrutement de la subdivision ;

4° De M. (1)
commandant la gendarmerie de l'arrondissement de

Et assistée de MM. (2)

désignés par le président, conformément à l'instruction ministérielle précitée,

A comparu le sieur (3)

Lecture ayant été faite en séance par le Sous-Intendant militaire (4)   certificat (5) visites ou contre-visites déjà opérée et des renseignements qui y étaient joints,

Il a été procédé par les deux médecins ci-dessus désignés à une vérification dont ils ont constaté le résultat par un certificat, qui restera annexé au présent procès-verbal, et dont la teneur est ci-après transcrite.

(Copie du certificat.)

Signé :

La commission a décidé que le sieur (6)

En foi de quoi le présent procès-verbal a été clos et signé en simple expédition, les jour, mois et an que dessus.

(*Signatures des membres de la commission.*)

MODÈLE N° 4.

Annexé à l'instruction
du 6 novembre 1875.

^e CORPS D'ARMÉE.

SUBDIVISION D

BUREAU DE RECRUTEMENT.

Contrôle des hommes réformés.

Numéro d'ordre.	Classe à laquelle les hommes appartiennent.	NOMS ET PRÉNOMS.	POSITION sous le rapport du recrutement (appelé, engagé, dispensé, etc.)	SUBDIVISION de région à laquelle l'homme appartient.	Numéro au registre matricule de la subdivision.	CORPS.	GRADE.

CONGÉS DÉLIVRÉS		HOMMES RÉFORMÉS				LIEU où l'homme a déclaré se retirer.	MOTIFS DE LA RÉFORME d'après les certificats de visite.
modèle n° 1.	modèle n° 2.	avant incorporation.	étant sous les drapeaux.	dans la disponibilité ou la réserve de l'armée active.	dans l'armée territoriale ou la réserve de ladite armée.		

° CORPS D'ARMÉE.

° SUBDIVISION.

BUREAU DE RECRUTEMENT

d

ÉTAT nominatif des militaires appartenant au
présentés à la Commission spéciale de réforme de la subdivision
d   dans la séance du   18   .

N° matricule.	NOM ET PRÉNOMS.	GRADE.	LIEU OU L'HOMME a déclaré vouloir se retirer.	MOTIFS de la proposition.	DÉCISION de la commission.

Nota. — Prière de vouloir faire parvenir au bureau de recrutement les livrets matricules des militaires dénommés ci dessus, en indiquant s'ils ont reçu ou non un certificat de bonne conduite.

A   , le   189   .

Le Commandant du bureau de recrutement,

CORPS D'ARMÉE.

—

SUBDIVISION

d

Classe de

—

N° { matricule.
    { du contrôle spécial.

———

(1) De la disponibilité, de la réserve de l'armée active, de l'armée territoriale ou de sa réserve.

CONVOCATION

DEVANT LA COMMISSION SPÉCIALE DE RÉFORME.

———

Le nommé   ,
demeurant à   , canton
d   , inscrit sur les contrôles
d (1)   classe 18 ,
affecté au   n°
du répertoire du corps, est invité à se présenter, porteur de son livret individuel, devant la Commission spéciale de réforme, qui se réunira à   , le   189 ,
à   heure du

où il sera statué sur les infirmités qui le rendent impropre au service militaire.

A   , le   189 .

Le Major commandant le bureau de recrutement,

NOTA. — Extrait de l'arrêté ministériel du 25 novembre 1876.

« Art. 1ᵉʳ. — Les hommes, soit de la réserve de l'armée active, soit de l'armée territoriale et de sa réserve, qui sont convoqués par l'autorité militaire pour être examinés par les Commissions spéciales de réforme, sont admis à voyager, sur les chemins de fer, au quart du tarif fixé par le cahier des charges.

MINISTÈRE
DE LA GUERRE.

GRATIFICATION
DE RÉFORME RENOUVELABLE.

ORDRE DE CONVOCATION.

Le nommé (1)

domicilié à

titulaire d'une gratification renouvelable, est prévenu que la commission appelée à se prononcer sur son maintien ou son élimination, se réunira à (2)

le (3)   à (4)   heure

Il est invité à se présenter devant la Commission, à l'heure et au lieu indiqués, porteur de toutes ses pièces militaires.

La présente convocation donnera droit au transport :

Au quart du tarif sur le réseau de l'Etat;

et **Au demi-tarif** sur tous les autres réseaux (sous la condition que le titulaire se conformera aux formalités mentionnées dans le cadre ci-dessous).

Cet ordre sera valable, pour l'aller, la veille et le jour de la séance de la Commission, et, pour le retour, jusqu'au lendemain du jour de ladite séance inclusivement.

A   , le   189 .

(1) Noms et prénoms.
(2) Localité de la réunion.
(3) Date de la réunion.
(4) Heure de la réunion.

NOTA. Prière à M. le Maire de faire remettre d'urgence la présente convocation à l'intéressé.

VISA			
DE LA GARE de départ. *Aller.*	DU PRÉSIDENT de la Commission.	DE LA GARE de départ. *Retour.*	Pour bénéficier de la réduction de prix, le porteur devra faire remplir ci-contre :
A	**B**	**C**	1° En partant, la case A ; 2° Au lieu de réunion de la Commission, la case B ; 3° Au retour, la case C.
Billet de classe Prix Timbre à date :	Le Président de la Commission soussigné certifie que le porteur du présent ordre s'est présenté devant la Commission de réforme.	Timbre à date :	**Au départ,** le titulaire doit prendre et payer : *sur le réseau de l'Etat,* une demi-place; et *sur les autres réseaux,* place entière. **Au retour,** il n'a rien à payer, mais il doit voyager dans la même classe de voiture qu'à l'aller ; l'ordre de convocation, revêtu des trois visas, tiendra lieu de billet de retour. Il doit être remis comme tel à la gare d'arrivée.

ETAT NUMÉRIQUE indiquant le nombre des hommes de l'armée active qui ont été réformés du 1er janvier au 31 décembre 18 .

CLASSES auxquelles les hommes appartiennent.	HOMMES RÉFORMÉS par congé n° 1.			HOMMES RÉFORMÉS N° 2.				OBSERVATIONS.
	Présents sous les drapeaux.	En congé ou aux hôpitaux.	Total.	Présents sous les drapeaux, en congé ou aux hôpitaux.	non incorporés		Total.	
					Engagés et jeunes soldats (A).	Hommes dans leurs foyers à la disposition du Ministre (B).		
1	2	3	4	5	6	7	8	9
Classe de 18.....								
18.....								
18.....								
18.....								
18.....								
Engagés et rengagés								
Totaux......								

(A) Les jeunes soldats réformés à la revue de départ et les militaires réformés à leur arrivée au corps avant d'avoir été habillés, devront figurer dans la colonne 6.

(B) La colonne 7 comprendra les hommes dits « à la disposition » et ceux du service auxiliaire réformés pendant leur cinq premières années de service.

A   , le   18 .

Le Commandant du bureau de recrutement,

MODÈLE N° 1.

EXERCICE 189 .

Circ. du 12 août 1884.

Compte rendu de l'emploi des imprimés de congés de réforme n° 1, qui ont été mis à la disposition du général commandant le corps d'armée pendant ledit exercice.

DÉTAIL.	CONGÉS de RÉFORME.	OBSERVATIONS.
ENTRÉES.		Pour éviter toute confusion, la dénomination de congé de réforme n° 1 a été maintenue, bien que le titre congé n° 2 ait été supprimé.
Le 1er janvier 189 , il existait dans les archives du corps d'armée		
Reçu du Ministre depuis cette époque :		
1° Le		
2° Le		
Renvoyés par les bureaux de recrutement, annulés et biffés........................		
Total des entrées.............		
SORTIES.		
Mis à la disposition des bureaux de recrutement ci-après, savoir (1) :		(1) Les comptes particuliers de ces bureaux seront joints à celui-ci.
Bureau d		
—		
Renvoyés au Ministère, annulés et biffés, avec le présent compte.....................		
Reste au 1er janvier 189 , dans les archives du corps d'armée....................		
Total égal aux entrées........		

A , le 189 .

Le Général commandant le ° corps d'armée,

• CORPS D'ARMÉE.

EXERCICE 189 .

MODÈLE N° 2.

Circ. du 12 août 1884.

BUREAU DE RECRUTEMENT d

Compte rendu de l'emploi des imprimés de congé de réforme n° 1, qui ont été mis à la disposition du commandant du bureau par M. le général commandant le corps d'armée, pendant ledit exercice.

DÉTAIL.	CONGÉS de RÉFORME.	OBSERVATIONS.
Au 1er janvier 189 , il existait dans les archives du bureau.....................		
Reçu de M. le général commandant le corps d'armée, depuis cette époque :		
1o Le		
2o Le		
Total des recettes..........		
Employé pour la réforme d'un nombre égal de militaires ou jeunes soldats..............		
Renvoyé à M. le général commandant le corps d'armée, annulés et biffés avec le présent compte................................		
Reste dans les archives du bureau..........		
Total égal aux recettes........		

A le 189 .

Le Commandant du bureau,

Librairie militaire Henri Charles-Lavauzelle

Paris, 11, place Saint-André-des-Arts.

L'Armée italienne, son organisation actuelle, sa mobilisation. — Volume in-32 de 128 pages, broché.. » 50
    Relé toile anglaise... » 75
Instruction pour les formations de guerre, l'équipement et la mobilisation de l'armée italienne. Traduction française par le capitaine Soulié, du 112e de ligne (à jour jusqu'au 20 février 1890). — Volume in-8o de 708 pages, broché.. 16 »
  Cette œuvre considérable donne une connaissance complète de l'armée italienne.
Armée italienne. — Règles générales pour l'emploi des trois armes dans le combat (document officiel émanant du bureau du chef d'état-major général). Traduction française par le capitaine Soulié, du 112e d'infanterie.
  Ouvrage orné de trois planches hors texte et suivi d'un graphique en trois couleurs indiquant un exemple du développement normal d'une attaque exécutée par des troupes encadrées contre des troupes également encadrées.
    Volume in-8o de 72 pages, broché............................. 2 »
Instruction pour les convois alpins dans l'armée italienne, traduction française par le capitaine Soulié, du 112e de ligne. — Brochure in-8o de 96 pages.. 2 »
Règlement du 23 novembre 1888 sur le tir de l'infanterie italienne, traduit par le lieutenant Jaguin, du 137e d'infanterie. — Volume in-32 de 160 pages, relié toile.. 2 50
L'Armée belge, composition, recrutement, mobilisation, écoles militaires, institut cartographique, armement, manufacture d'armes de Liège, régime intérieur, alimentation, uniformes, système défensif. — Volume in-32 de 96 pages, broché................................... *(épuisé)*
    Relié toile anglaise... » 75
L'Armée ottomane contemporaine, par Ch. Lebrun-Renaud. — Volume in-32 de 88 pages, broché... » 50
    Relié toile anglaise... » 75
L'Armée des Pays-Bas, notices militaires et géographiques (publication de la Réunion des officiers). — 2 volumes in-32, brochés............. 1 »
    Reliés toile anglaise.. 1 50
L'Armée espagnole. Aperçu historique et organisation ; composition de l'armée ; recrutement mobilisation ; établissements militaires, comités ; instruction, service intérieur, alimentation, grades et uniformes ; système défensif de la Péninsule ; colonies ; retraites et pensions militaires. — Volume in-32 de 128 pages, broché.................................. » 50
    Relié toile anglaise... » 75
L'Espagne et l'Armée espagnole. — Brochure in-8o de 16 pages...... » 50
La Garde civile espagnole, traduction par E. Tailhades, capitaine de gendarmerie. — Volume in-32 de 128 pages, broché.................... » 50
    Relié toile anglaise... » 75
L'Armée portugaise, par A. Garçon. — Volume de 108 pages, broché. » 50
    Relié toile anglaise... » 75
L'Armée suisse, son histoire, son organisation actuelle, par le commandant Heumann, O. ✚, ancien instructeur à l'Ecole de Saint-Cyr (2e édition. — Volume in-32 de 136 pages, broché................................... » 50
    Relié toile anglaise... » 75

  Cette brochure se divise en deux parties ; la première est un résumé de l'histoire militaire de la Suisse, dès l'origine de la Confédération jusqu'à nos jours. L'auteur s'est aidé de Jean de Muller, de Zurlauben, de May de Romainôtier et de Mallet. Il a donc puisé à des sources plutôt anciennes, mais il y a judicieusement puisé, et son résumé très clair mérite des éloges.

  La seconde partie est un exposé de l'organisation actuelle de l'armée suisse, d'après la loi de 1874 et les ordonnances postérieures. Cet exposé est fait avec un soin auquel les plumes étrangères et même les plumes françaises ne nous ont pas habitués.

  La brochure du commandant Heumann peut être recommandée sans réserve ; même en Suisse, on ne la lira pas sans profit.

Librairie militaire Henri Charles-Lavauzelle

Paris, 11, *Place Saint-André-des-Arts.*

L'Armée suédoise, par le capitaine R. R***. — Vol. de 62 p., broché.... » 50
    Relié toile anglaise...................................... » 75

La Révolution et l'Armée du Brésil. 16 novembre 1889. — Fascicule in-8º
    de 16 pages.. » 50

Histoire militaire de la France, de 1643 à 1871, par Emile Simond, lieu-
    tenant au 28º de ligne. — 2 volumes in-32, brochés................. 1 »
    Reliés toile anglaise... 1 50

Deux campagnes a l'armée d'Helvétie. Précis des opérations de la 38º demi-
    brigade et de la division Lecourbe (Extrait de l'*Historique du 38º régi-
    ment d'infanterie*), par le capitaine d'Izarny-Gargas. — Volume in-32 de
    128 pages, broché.. » 50
    Relié toile anglaise... » 75

Journal du siège de Tuyen-Quan (23 novembre 1884-3 mars 1885). — Volume
    in-32 de 102 pages, broché..................................... » 50
    Relié toile anglaise.. » 75

Historique succinct de l'artillerie au Tonkin pendant les années 1883 et
    1884, par C. Humbert, chef d'escadron d'artillerie de marine, breveté
    d'état-major. — 2 volumes in-32, brochés....................... 1 »
    Reliés toile anglaise... 1 55

Etude militaire sur l'Egypte, *campagne des Anglais en* 1882 (2º édition).
    Volume in-32 de 32 pages, broché............................... » 50
    Relié toile anglaise... » 75

Le Soudan, Gordon et le Madhi, par le commandant Heumann, O. ✪,
    avec deux cartes et quatre plans — Vol. in-32 de 96 pages, broché » 50
    Relié toile anglaise .... » 75

Précis de la guerre du Pacifique (*entre le Chili d'une part, le Pérou et la
    Bolivie de l'autre*), ouvrage accompagné d'une carte planimétrique de la
    côte du Pacifique et d'un plan des principales batailles. — Volume in-32
    de 72 pages, broché .... » 50
    Relié toile anglaise .... » 75

Voies et moyens de communication en France, en Algérie et en Tunisie.
    Routes; voies navigables; paquebots; chemins de fer; bureaux ambulants;
    lignes télégraphiques, par Roger Barbaud, inspecteur des postes et des
    télégraphes, payeur de la 23º division d'infanterie. — 2 volumes in-32
    brochés.. 1 »
    Reliés toile anglaise... 1 50

Les Outils du pionnier d'infanterie, d'après l'instruction ministérielle du
    8 août 1880, complétée et rectifiée à l'aide des documents officiels les plus
    récents sur le port, le chargement, l'entretien et l'emploi des outils;
    25 figures intercalées dans le texte (2º édition). — Volume in-32 de
    84 pages, broché.. » 50
    Relié toile anglaise... » 75

Les Travaux de campagne, guide théorique et pratique du pionnier d'infan-
    terie, d'après les cours professés à l'Ecole des travaux de campagne et
    les ouvrages les plus autorisés publiés à l'étranger, 63 gravures inter-
    calées dans le texte (2º édition). — Volume in-32 de 140 pages, broché,
    (*épuisé*).. » 50
    Relié.. » 75

Role, organisation, attaque et défense des places fortes, avec figures
    dans le texte (2º édition). — Volume in-32 de 112 pages, broché.... » 50
    Relié toile anglaise... » 75

Le catalogue général est envoyé franco à toute personne qui en fait la demande.